Band 14

OutdoorHandbuch

Colleen Politano

Allein im Wald

Survival für Kinder

BASISWISSEN FÜR DRAUSSEN

Allein im Wald

Alle Informationen, schriftlich und zeichnerisch, wurden nach bestem Wissen zusammengestellt und überprüft. Sie waren korrekt zum Zeitpunkt der Recherche. Eine Garantie für den Inhalt, z.B. die immerwährende Richtigkeit von Preisen, Adressen, Telefon- und Faxnummern sowie Internet-Adressen, Zeit- und sonstigen Angaben, kann naturgemäß von Verlag und Autorin - auch im Sinne der Produkthaftung - nicht übernommen werden.

Der Verlag ist für Lesertipps und Verbesserungen (besonders als E-Mail) unter Angabe der Auflagen- und Seitennummer dankbar.

OutdoorHandbuch aus der Reihe "Basiswissen für draußen", Band 14

ISBN 978-3-86686-014-8 3. Auflage

Dieses OutdoorHandbuch wurde konzipiert und redaktionell erstellt vom Conrad Stein Verlag GmbH, Postfach 1233, 59512 Welver, Kiefernstraße 6, 59514 Welver, ☎ 0 23 84/96 39 12, FAX 0 23 84/96 39 13, info@conrad-stein-verlag.de, www.conrad-stein-verlag.de.

Unsere Bücher sind überall im wohl sortierten Buchhandel und in cleveren Outdoorshops in Deutschland, Österreich und der Schweiz erhältlich.
Auslieferung für den Buchhandel:

D	Prolit, Fernwald und alle Barsortimente
A	freytag & berndt, Wien
CH	AVA-buch 2000, Affoltern und Schweizer Buchzentrum
I	Leimgruber A & Co. OHG/snc, Kaltern
BENELUX	Willems Adventure, LT Maasdijk
E	mapiberia f&b, Ávila

Dieses OutdoorHandbuch hat 87 Seiten mit 33 farbigen Abbildungen sowie 18 Ausmalbilder. Es wurde auf chlorfrei gebleichtem Papier gedruckt, in Deutschland klimaneutral hergestellt und transportiert (die Zertifikatnummer finden Sie auf unserer Internetseite) und der größeren Strapazierfähigkeit wegen mit PUR-Kleber gebunden.

Text: Colleen Politano
Kapitel Verlaufen im Kulturwald: Hartmut Engel
Übersetzung und deutsche Bearbeitung: Britta Feddersen
Illustrationen: Doug Penhale
Fotos: Manuela Dastig & Marie-Luise Großelohmann
Lektorat: Luisa Großelohmann
Layout: Manuela Dastig
Gesamtherstellung: AZ Druck und Datentechnik GmbH, Kempten

Inhalt

Über die Autorin

Colleen Politano ist Vorschul- und Kindergartenlehrerin. Sie lebt mit ihrem Mann Leon auf Vancouver Island in der kanadischen Provinz British Columbia.

Nach einer tragischen Erfahrung entschloss sie sich, anderen Kindern und deren Eltern und Lehrern eine Art Survival-Hilfe an die Hand zu geben.

Dankeschön

Ich hätte *Allein im Wald* nicht ohne die Hilfe und Unterstützung von anderen schreiben können, besonders der meines Mannes Leon. Danke, Leon.

Ich möchte auch gern Mike Coney für seine Assistenz bei dem Manuskript und der Konzeption des Buches danken.

Barry Casson danke ich für seine Geduld und sein Geschick bei den Dreharbeiten zu dem aus diesem Buch entstandenen Film.

Einleitung

Im Oktober 1978 gingen Jamie Baxter und David Crocker zum Spielen nach draußen, nachdem sie aus dem Kindergarten gekommen waren. Sie kamen nicht zurück.

Nach einer ausgedehnten Suche von zweieinhalb Tagen Dauer wurden beide Kinder gefunden. Jamie Baxter starb wenige Stunden nach der Rettung.

Als Lehrerin entschloss ich mich, etwas zu tun, um meinen Schülern für den Fall, dass sich einer von ihnen verlaufen würde, zu helfen. Bei meiner Suche nach Material fand ich nichts, was für kleine Kinder geeignet wäre. Daraufhin entschied ich mich, mein eigenes Buch zu machen.

Ich beginne mit einer Geschichte, die die Aufmerksamkeit der Kinder fesseln soll. Sie dient als Modell dafür, was ein aufgewecktes Kind tun muss, wenn es mit einer Furcht erregenden Situation konfrontiert wird.

Als Begleitung zur Geschichte stelle ich mehrere Übungen zusammen, die die Sicherheitsmaßnahmen, die in der Geschichte angesprochen werden, illustrieren. Die Übungen wurden so gestaltet, dass sie dem Kind ermöglichen, selbst den Wert solcher Maßnahmen festzustellen.

Während der Entwicklung des Projekts entstand eine dritte Komponente - Informationen für Eltern und Lehrer, um Kinder darauf vorzubereiten, sich im Notfall selbst zu helfen.

Die Geschichte, die Übungen und die Informationen für Eltern und Lehrer sind der Inhalt dieses Buches. Ich hoffe, dass verantwortungsbewusste Eltern und Lehrer an den Übungen mit den Kindern, zu Hause und in der Schule, ihren Spaß und ihre Freude haben werden.

Anmerkungen des Verlegers

Als ich das kanadische Originalbuch *"Lost in the Woods - Child Survival"* das erste Mal in die Hand nahm, konnte ich zunächst ein Schmunzeln nicht unterdrücken. Beim Lesen dann faszinierte mich die lebendig geschriebene Geschichte und die interessanten Anleitungen zu den Übungen und Experimenten.

Auch wenn sich kanadische und US-amerikanische Gegebenheiten generell nicht so einfach auf Deutschland, Österreich und die Schweiz übertragen lassen, können Eltern, Lehrer und Kinder aus diesem Buch lernen.

Unsere Wälder sind zum großen Teil erschlossen. Es gibt Ausschilderungen von Wanderwegen, die von Kindern zwischen 6 und 12 Jahren gelesen werden können. Diese bezeichneten oder mit Symbolen gekennzeichneten Wege führen früher oder später in die Zivilisation. Trotzdem sind schon Fälle mit fatalem Ausgang bekannt geworden.

Im Kulturwald kann das Abwarten und Ausharren eher unangebracht sein. Besser ist es vielleicht, etwas zu unternehmen, um aus dem Schlamassel wieder herauszukommen. Hier sind beispielsweise die Orientierung am Sonnenstand oder an der Wetterseite der Bäume hilfreich.

Einfallsreichtum von Eltern und Lehrern sind gefragt, um die Übungen und Experimente auf Wanderungen oder Spaziergängen mit Kindern auszuprobieren und um ein weiteres Kapitel selbst zu ergänzen. Es ist auch hilfreich, dass jedes Kind seinen Namen, seine Adresse und Telefonnummer kennt.

Wichtig ist dieses Buch auf jeden Fall für Eltern, die die *Great Outdoors* mit ihren Sprösslingen erobern wollen - beispielsweise in abgelegenen Gebieten Skandinaviens, Kanadas, Australiens, Neuseelands sowie in den ehemaligen Ostblockländern wie Polen und die Slowakei, den Pyrenäen, den USA, aber auch in den großen Waldgebieten und Nationalparks Bayerns, Österreichs und der Schweiz.

Unser OutdoorHandbuch Autor Hartmut Engel, selbst Vater von drei Rangen, geht zusätzlich auf diese Thematik in einem separaten Kapitel am Ende des Buches ein.

☺ In diesem OutdoorHandbuch finden Sie 18 Bilder, die für die "Kleinen" zum Ausmalen gedacht sind.

Dankeschön

Der Verlag bedankt sich bei Kimberly, Kevin und Lilli, die mit viel Geduld und Spaß für die Fotos in diesem Buch "Modell" standen.

Außerdem geht ein Dankeschön an Christoph Centmayer von der Firma Bergans. Er sorgte dafür, dass die Kinder mit toller Outdoorkleidung ausgestattet wurden.

Die Story

Ein schöner Tag im Wald ...

Als Tobias mit seiner Mama und seinem Papa auf dem Campingplatz angekommen war, konnte er es kaum erwarten, auf Entdeckungsreise zu gehen.

Vorher aber wollte seine Mama, dass er seine rote Jacke anzog, die mit der Kapuze im Kragen. Dann musste er noch warten, weil sie ihm eine Tüte Rosinen in seine Tasche stecken wollte. Endlich ließ sie ihn gehen.

Doch auch dann rief sie noch hinter ihm her: *"Aber lauf nicht so weit weg!"*

Mütter, dachte Tobias, als er los lief. *Immer machen die so 'ne Umstände. Mach deine Jacke zu ... Geh' nicht zu weit ...*

Eilig lief er durch das Gebüsch, um so viel wie möglich zu sehen, bevor er wieder zurück musste.

Bald kam er an einen Tunnel, der unter einer Straße hindurch führte. Darin war es dunkel, aber er konnte weit hinten am Ende Tageslicht sehen.

Erforsche mich, schien der Tunnel mit seinem großen Maul zu sagen: *Erfooorsche mich!*

Es war unheimlich, aber nicht gefährlich, und schon bald war Tobias im Sonnenschein auf der anderen Seite. Vor ihm führte ein Pfad den Hügel hinauf durch den Wald.

Hier entlang, schien der Pfad zu flüstern: *Hier entlang!*

Es war so aufregend, wie der Wald zu Tobias sprach. Diese Worte würde ein Erwachsener nie hören können.

Das Beste war wohl, dem Weg zu folgen. Tobias kletterte über einen dicken, alten Baumstamm, der quer auf seinem Weg lag und fand sich neben einem kleinen Tümpel wieder.

Im Tümpel stand ein kleines Reh, das trank.

Tobias hielt den Atem an.

Das Reh sah auf und erblickte ihn, aber es lief nicht weg.

Es schaute ihn einen Moment lang mit großen braunen Augen an. Es war viel kleiner als Tobias, aber es hatte keine Angst vor ihm.

Als es mit dem Trinken fertig war, sah es ihn wieder an, so als wollte es sagen: *Folge mir.*

Dann ging es langsam in den Wald hinein. Tobias folgte ihm. Er war gar nicht müde, und er musste auch noch nicht wieder zurück zum Campingplatz. Noch nie war er einem echten wilden Tier so nahe gewesen.

Er war sicher, Mama und Papa würden sich freuen, wenn er ihnen von dem kleinen Reh erzählen würde. Er fragte sich, ob er wohl Freundschaft mit ihm schließen könne. Es schien ganz zahm zu sein. Vielleicht könnte er es mit zurücknehmen, um es Mama und Papa zu zeigen. Gar nicht weit entfernt von ihm lief es voraus, indem es einer schmalen Spur durch die Bäume folgte. Ab und zu hielt es an und blickte sich um, und Tobias meinte, es sagen zu hören:

Folge mir, dann werde ich dir wunderbare Dinge im Wald zeigen, und ich werde dein Freund sein.

Also folgte er dem kleinen Reh, mal langsam, mal schneller, um es nicht aus den Augen zu verlieren. Aber plötzlich sprang es fort, tief in den Wald hinein, und er konnte es nicht mehr sehen.

Tobias glaubte, es rufen zu hören: *Auf Wiedersehen ...*

Er fand sich auf einer Lichtung wieder, rundherum von großen Bäumen umgeben. Der Wald war so still. Nichts sprach mehr zu ihm.

Er setzte sich auf einen Baumstamm, um Atem zu schöpfen. Er war ganz allein. Er dachte an Mama und Papa auf dem Campingplatz. Auf einmal erschien ihm der Wald gar nicht mehr freundlich.

Er stand auf und sah sich um.

Rehe können bestimmt ganz leicht im Wald vorankommen, dachte er. *Viel leichter als ein Mensch.*

Naja ... Ich sollte besser wieder zurück zu Mama und Papa gehen.

Tobias ging los. Nach einer Weile schien der Wald noch dichter zu sein als vorher, und die Büsche zerrten an ihm wie Hände.

Bald schon fragte er sich, ob er wohl auf dem richtigen Weg war. Er wünschte, das kleine Reh würde zurückkommen, um ihm den Weg aus dem Wald hinaus zu zeigen. Aber das kleine Reh war nach Hause zu seiner Mama gegangen. Tobias fragte sich, wo wohl **seine** Mama war.

Endlich konnte er einen Platz sehen, wo die Bäume nicht so dicht standen, und er lief eilig darauf zu. Vielleicht war das der Campingplatz. Er kämpfte sich durch das Gebüsch und gelangte ins Freie.

Es war dieselbe Lichtung, die er vorhin verlassen hatte! Er war im Kreis gelaufen!

Jetzt hatte Tobias wirklich Angst. Da, genau vor ihm, war derselbe Baumstamm, auf dem er vorhin gesessen hatte. Wo waren Mama und Papa? Er setzte sich auf den Baumstamm.

Er versuchte, nicht zu weinen. Er wollte keine Angst haben. Statt dessen versuchte er nachzudenken.

Was sollte er nun tun?

Tobias hatte in der Schule gelernt, dass es viel gab, was er selbst tun konnte. Er erinnerte sich an ein Gespräch in der Schule über zwei Jungen, die sich im Wald verirrt hatten. Er erinnerte sich daran, was die Lehrerin gesagt hatte.

Wenn du dich verirrt hast, bleib' wo du bist, damit die Leute, die dich suchen, dich auch finden können.

Tobias fing an, seine Rosinen zu essen. Mama und Papa könnten vielleicht schon nach ihm suchen. Jedenfalls war es das Beste, sich nicht von der Stelle zu rühren. Aber angenommen, sie würden ihn längere Zeit nicht finden?

Er blickte sich um. Die Bäume sahen jetzt groß und böse aus, und es gab seltsame Geräusche. Angenommen, er müsste die ganze Nacht hier bleiben? Er unterdrückte einen Anflug von Angst. Also - was hatten sie noch in der Schule gesagt? Und was war das noch, was seine Eltern ihm gesagt hatten? Und diese prima Experimente, die er gesehen hatte?

Es ist sehr wichtig, sich warm zu halten.

Tobias stand auf und machte seine Jacke zu. Was noch?

Es ist auch wichtig, dass dein Kopf warm bleibt.

Wie ging noch das Experiment? *Deckel auf, Deckel ab* hatte es die Lehrerin genannt. Das Experiment mit den Töpfen. Die Lehrerin hatte es gemacht, um den Kindern zu zeigen, warum Mützen so wichtig waren.

Tobias holte die Kapuze aus seinem Kragen, zog sie über den Kopf und band sie unter seinem Kinn zu.

Dann setzte er sich wieder hin und steckte seine Hände in die Taschen, wo sie warm und geschützt waren. Langsam wurde es jetzt dunkler. Würden sie ihn im Dunkeln finden können?

Es musste schon fast Schlafenszeit sein. Es war zwar warm mit der Jacke und der Kapuze, aber er wusste, dass der Boden nicht so warm sein würde, wenn er sich hinlegen würde.

Da erinnerte er sich an ein Experiment, das sein Papa ihm gezeigt hatte. Es hieß: *Kalter Boden.* Es gab einen Weg, sich auf dem Erdboden warm zu halten. Sie hatten es in der Schule ausprobiert, mit Puppen.

Er sah sich nach einem guten Platz für ein Bett um und entschied, dass der beste Platz für ein Bett der Baumstamm war, auf dem er saß.

Hier würde er geschützt sein.

Konnte er aber auch schnell genügend Zeugs finden, um ein Bett zu machen? Er erinnerte sich, dass die Lehrerin gesagt hatte, wie wichtig es war, so schnell wie möglich einen warmen Platz zum Warten zu bauen.

Wenn kein passendes Material da war, wäre es besser, wenn er die Zeit bis zur Dunkelheit damit verbringen würde, einen Unterschlupf zu suchen.

Aber in einem Wald ist normalerweise genug vorhanden, um ein Bett zu machen.

Tobias fing an, Äste mit vielen Blättern und Nadeln zu sammeln. Er legte sie so an den Baumstamm, dass sie eine Unterlage wie eine Matratze bildeten.

Er sammelte auch kleinere Zweige und Blätter, die er auf die Äste legte. Einige Äste behielt er übrig, um sich damit wie mit einer Decke zuzudecken, und legte sie auf einen Haufen neben die Unterlage.

Bald war die Matratze dick genug, dass er sich darauf legen konnte, ohne den kalten Boden zu berühren. Es war jetzt fast ganz dunkel, und es schien, als ob sie ihn lange noch nicht finden würden. Er rief *"Mama! Papa!"*, aber er bekam keine Antwort.

Er legte sich auf seine Unterlage und deckte sich mit den Ästen zu, so wie er es gelernt hatte. Zuerst die Füße, dann seine Beine, dann den Bauch und zum Schluss seinen Kopf.

So würde er die ganze Nacht warm bleiben. Auch wenn es Regen gäbe, bliebe er einigermaßen trocken.

Während er so ganz allein im dunklen Wald lag, erinnerte er sich an ein weiteres Experiment. Es hieß *Kuscheln.*

Man kuschelte sich mit jemand anderem zusammen, das hielt wärmer. Er wünschte, er hätte jetzt einen Freund bei sich. Das Bett würde ihn warm halten, aber ein anderer Mensch oder ein Hündchen wäre doch viel wärmer und netter.

Irgendwo im Wald heulte eine Eule.

"Huhu . . . Huhu . . . Huhuuuu!"

Tobias schlief ein.

Die Erwachsenen hatten Tobias natürlich nicht vergessen. Sein Papa hatte ihn in der Nähe vom Campingplatz im Dunkeln gesucht, bis er anfing zu glauben, dass er sich selbst verirren würde.

Seine Mutter war zur Försterei gefahren. Die Leute vom Rettungsdienst und die Polizei wollten mit der Suche nach Tobias beginnen, sobald es hell genug war. Sie hatten sogar einen Hubschrauber.

Tobias wachte auf.

Es war schon taghell. Die Vögel sangen. Er brauchte einen Augenblick, um sich zu erinnern, wo er war, dann schob er die Äste beiseite und stand auf. Er war trocken, und ihm war gar nicht kalt. Das Bett hatte gut funktioniert, aber jetzt hatte er Hunger und Durst.

Er begann, eine Spur entlang zu gehen, weil er dachte, er könne den Campingplatz wiederfinden, jetzt wo es heller war. Er dachte an Kakao und Brötchen, aber nicht daran, was ihm in der Schule beigebracht worden war.

Dann hörte er den Hubschrauber.

Er flog genau über die Lichtung, aber die Leute darin konnten Tobias nicht sehen, weil er nicht dort geblieben war.

Er war ein Stück weiter weg im Wald. Er winkte und schrie. Aber wegen der Bäume konnten sie ihn nicht sehen. Beim nächsten Mal würde er daran denken.

Wenn du dich verirrt hast, bleib' wo du bist. Bleibe an einem offenen Platz, damit die Suchleute dich auch finden können!

Tobias rannte zurück in die Mitte der Lichtung. Er hörte den Hubschrauber wiederkommen, aber sie hatten diese Stelle im Wald ja schon abgesucht, ohne ihn zu finden.

So drehte der Hubschrauber ab und suchte woanders, weil er nach einem speziellen Suchmuster vorging. Tobias fing fast an zu weinen, aber dann entschied er sich, lieber etwas zu essen.

Er pflückte ein paar Beeren von einem nahe stehenden Strauch und schaute sie sich an.

Vielleicht kann man sie essen, dachte er. Oder doch nicht? Er hatte bis jetzt schon viele Fehler gemacht. Nun versuchte er, sich daran zu erinnern, was die Lehrerin über Essen und Trinken gesagt hatte.

Iss niemals unbekannte Beeren. Es ist besser, eine Weile hungrig zu sein, als krank zu werden.

Tobias warf die Beeren weg. Sie könnten giftig sein, außerdem sahen sie auch nicht gerade reif aus. Er wollte kein Bauchweh bekommen hier draußen im Wald, wo sich niemand um ihn kümmern konnte.

Er bekam auch Durst, aber er erinnerte sich, dass die Lehrerin gesagt hatte: "Bleib' weg von Flüssen. Verirrte Menschen können hineinfallen, wenn sie versuchen, daraus zu trinken. Wenn du großen Durst hast, schleck' lieber den Tau von den Blättern."

Also versuchte Tobias, seinen Durst zu vergessen. Er stand eine Weile da und überlegte, was er noch tun könnte.

Winke mit einem hellen Tuch, damit die Suchenden sehen können, wo du bist.

Er hatte kein Taschentuch, aber sein T-Shirt war gestreift.

Tobias begann, seine Jacke auszuziehen.

Aber das war keine so gute Idee, auch nicht an einem Sommermorgen.

Es war besser für ihn, sich so warm zu halten wie er konnte, aber er hatte Glück: gerade in diesem Augenblick hörte er jemand rufen.

"Haaallo!" "Haaallo!"

Sie waren ganz in der Nähe!

Er rief zurück: *"Hier bin ich! Hier bin ich! Hier! Hier!"* Er begann, in die Richtung zu laufen, wo das Rufen herkam, aber dann erinnerte er sich wieder. Er sollte lieber genau da bleiben, wo er war.

Also stand er da und rief laut, und bald hörte er ein Rascheln im Gebüsch und das Knacken von Zweigen. Und dann stand ein Mann vor ihm, der ihn ansah und lächelte.

"Hier ist er!" rief der Mann seinen Freunden zu. *"Wir haben ihn gefunden!"*

Er beugte sich zu Tobias herab. *"Alles in Ordnung, mein Junge?"*

Tobias ging es gut, also nahmen ihn die freiwilligen Helfer mit in Richtung Campingplatz.

Auf dem Weg trafen sie auf Leute vom Rettungsdienst, die Tobias heiße Suppe zu trinken gaben und ihm eine Decke umlegten.

Nach und nach trafen sie auch auf die anderen Sucher, die mit ihnen gingen, und als sie den Campingplatz erreichten, war es ein ganzer Haufen von Leuten. Sie lachten und klopften sich gegenseitig auf die Schultern, und sie lobten Tobias, weil er so tüchtig war und auf sich selbst aufpassen konnte.

Dann liefen seine Mama und sein Papa auf ihn zu. Sie umarmten und küssten ihn. Sie waren viel zu froh, ihn gesund und munter wieder zu haben, als dass sie geschimpft hätten.

Hinter ihnen stand der große, stille, tiefe Wald. Schmale Spuren liefen hindurch, die von Tieren benutzt wurden. Sie wussten, wohin die Spuren führten und wo es gute Nahrung und sichere Wasserstellen gab.

Die Tiere wussten alles über den Wald, weil es ihr Zuhause war. Aber es war nicht Tobias' Zuhause.

Tobias hatte sich an den Unterricht erinnert, der ihm das Überleben ermöglicht hatte. Wenn er nicht aufgepasst hätte, wer weiß, was dann passiert wäre?!

"Huhuuu!" machte die weise alte Eule.

Übungen

Warum Tobias es geschafft hat

Tobias hat es geschafft, weil er sich an das erinnert hat, was man ihm beigebracht hat.

Natürlich hat er sich nicht an **alles** erinnert - wer kann das schon? Aber es war doch genug, um sich warm zu halten und gut aufgehoben zu sein. Denn, als die Sucher sich näherten, war er noch immer in guter Verfassung, konnte rufen und auf sich aufmerksam machen.

Er hat sich erinnert wegen der Art und Weise, **wie** er unterrichtet worden ist. Die Stunden, in denen die Lehrerin etwas gezeigt hatte, statt nur zu reden, hatten ihm immer Spaß gemacht. Seine Lehrerin hatte mit der Klasse einige Experimente gemacht, um zu beweisen, dass bestimmte Regeln sinnvoll waren.

Sie hatte Übungen vorbereitet, um den Kindern zu zeigen, wie man sich selbst helfen kann. Die Lehrerin hatte außerdem Leute zum Unterricht eingeladen - Leute, die sich im Freien auskannten und die wussten, wie schnell man in Gefahr gerät.

Auch hatte die Lehrerin Eltern gebeten vorbeizukommen, und Tobias' Eltern hatten an einigen der Gespräche teilgenommen.

Aber Tobias mochte die Experimente und Übungen am meisten. Und so werden sie gemacht:

Deckel auf, Deckel ab

Eines Tages sagte die Lehrerin: "Ich habe bemerkt, dass viele von euch draußen keine Mützen tragen. Es friert draußen. Ihr solltet alle eine Kopfbedeckung tragen."

Annika sagte: "Mützen nerven aber."
"Ich hab' meine verloren", sagte Michael.

"Egal", sagte die Lehrerin, "ihr solltet sie trotzdem tragen. Ihr könnt nie wissen, ob ihr nicht einmal länger als erwartet in der Kälte stehen müsst. Zum Beispiel wenn jemand vergisst, euch abzuholen. Oder wenn ihr euch verirrt."

"Ich verirre mich nie", sagte Tobias. "Und selbst wenn, mein Kopf wird nie kalt."

"Kann sein, dass er sich nicht kalt **anfühlt**", sagte die Lehrerin, "aber man verliert unheimlich viel Wärme über den Kopf. Ich beweise es euch. Also, seht euch dies an."

Sie stellte zwei Suppenschüsseln auf Tobias' Tisch. Dann füllte sie beide mit heißem Wasser.

"Nun werde ich auf die eine Schüssel einen Deckel setzen und auf die andere nicht, seht ihr?", sagte die Lehrerin.

"Dann werden wir sie eine Weile stehen lassen, sagen wir für fünfzehn Minuten. Und dann werden wir nachprüfen, welches Wasser wärmer ist."

"Ich verstehe nicht, wieso da ein Unterschied sein soll", sagte Tobias. "Wasser ist Wasser."

"Wart's ab", sagte die Lehrerin.

Fünfzehn Minuten später nahm sie den Deckel von der ersten Schüssel. Jetzt sahen beide Schüsseln gleich aus. "Steckt der Reihe nach eure Finger in das Wasser", sagte sie. "Sagt mir, welches wärmer ist."

Eines nach dem anderen tauchten die Kinder ihre Finger hinein. "Das hier", sagte Annika. "Das hier", sagte Michael.

"Das hier ist wärmer", sagte Tobias. "Das, wo der Deckel drauf war."

"Also denkt daran", sagte die Lehrerin. "Wenn ihr warm bleiben wollt, vergesst nicht, den Deckel aufzusetzen. Tragt eure Mütze."

Tobias hat daran gedacht.

Das Wasser in dem Topf ohne Deckel hat eine Temperatur von 45°C

Das Wasser in dem Topf mit Deckel misst 62°C

Stopp!

Bevor Sie weiterlesen, probieren Sie diese Übung mit den Kindern aus. Lassen Sie sie dabei nicht unbeaufsichtigt.

Sie benötigen

- ▷ zwei Schüsseln mit Deckel,
- ▷ einen mit heißem Wasser gefüllten Behälter.

Übung

- ▷ Füllen Sie beide Schüsseln mit der gleichen Menge heißen Leitungswassers.
- ▷ Setzen Sie den Deckel auf eine der Schüsseln, den anderen Deckel legen Sie neben die zweite Schüssel.
- ▷ Warten Sie fünfzehn Minuten.
- ▷ Nehmen Sie dann den Deckel ab. Lassen Sie die Kinder die Temperaturen vergleichen. Jetzt ist es nicht mehr zu heiß dazu.

Diskutieren Sie

- ▷ Warum die erste Schüssel wärmer geblieben ist.
- ▷ Was man trägt, das wie ein Deckel ist.
- ▷ Wozu es gut ist, eine Mütze zu tragen.
- ▷ Was den Kindern dazu einfällt.

Wenn Sie noch mehr tun wollen

Geben Sie jedem Kind ein Blatt Papier und die folgenden Anweisungen: Faltet das Papier zur Hälfte. Auf die eine Seite malt ihr die Schüssel mit dem Deckel und auf die andere Seite die Schüssel ohne Deckel. Fragen Sie die Kinder, welche die wärmere war. Schreiben Sie die Antworten auf und diskutieren Sie sie mit den Kindern.

Kalter Boden

"Was hast du heute in der Schule gelernt, Tobias?", fragte sein Papa. Tobias erzählte von den Schüsseln und Deckeln.

"Das ist eine gute Idee", sagte Tobias' Mama, "den Kindern beizubringen, auf sich aufzupassen."

Tobias' Papa hatte nachgedacht. "Ich hab' noch eine Idee", sagte er. Er sah aus dem Fenster. Draußen war es dunkel und ziemlich kalt.

"Es gibt noch etwas, was du wissen musst, wenn wir diesen Sommer zum Camping fahren. Ich werde dir zeigen, warum du nicht zu lange auf dem Boden liegen solltest."

"Wer würde das wollen?" fragte Tobias. "Doch bloß Tiere."

"Naja, du könntest dich im Wald verirren und müsstest vielleicht die ganze Nacht draußen bleiben", erwiderte seine Mutter. "Du würdest bestimmt müde werden und dich hinlegen wollen. Und wenn du dich für längere Zeit auf den nackten Boden legst, wird dir furchtbar kalt werden."

"Das glaub' ich nicht", sagte Tobias. "Ihr habt mir doch die warme rote Jacke gekauft."

"Trotzdem", sagte sein Papa, "du wärst überrascht, wie kalt der Boden in der Nacht werden kann, sogar im Sommer."

Er nahm ein Tablett aus der Küche und ging nach draußen. Als er zurück kam, hatte er das Tablett mit Erde gefüllt. "Fühl' mal, Tobias", sagte er.

Tobias tat es: "Brr", sagte er, "ist das kalt."

"Jetzt guck' mal. Ich habe hier ein Stück Styropor, ungefähr halb so groß wie das Tablett."

Er legte es auf das Tablett, so dass es die Hälfte der Erde bedeckte. Dann holte er zwei Töpfe aus der Küche. Er stellte den einen auf die kalte Erde und den anderen auf das Stück Styropor, so dass er die Erde nicht berührte. Dann füllte er beide Töpfe mit heißem Wasser.

"Jetzt gehen wir ein bisschen Fernsehen", sagte er.

Ungefähr zwanzig Minuten später sagte der Vater: "Es ist Zeit nachzusehen, was unser Experiment macht. Tauch' deinen Finger in beide Töpfe, Tobias, und sag mir, was du fühlst."

Tobias tauchte seine Finger ein und sagte: "Dies ist kälter."

"Richtig", sagte sein Papa. "Der, der auf der Erde steht, ist kälter, weil die Kälte des Bodens sich auf das Wasser überträgt. Der auf dem Styropor ist wärmer, weil das Brett ihn von der Erde isoliert und so die Kälte fernhält. Auch wenn wir dir eine schöne warme Jacke gekauft haben, ist es besser, wenn etwas zwischen dir und dem Boden ist. Kälte kriecht sehr schnell durch die Kleidung, denk' daran.

Wir haben das Experiment mit Schnee und einen Topfuntersetzer durchgeführt

"Ich werd' dran denken", sagte Tobias.

"Ja, das wirst du bestimmt", sagte seine Mama. "Du siehst, wie nützlich es wäre, etwas zu finden, worauf du sitzen könntest, wenn du dich verirrt hättest. Fällt dir etwas ein, das geeignet sein könnte, um darauf zu sitzen?"

"Ein Stück Styropor", sagte Tobias.

Sein Papa lachte. "Da hättest du aber Glück, wenn du sowas im Wald finden würdest. Was könntest du noch nehmen?"

"Wenn ich ein paar Äste finden würde, könnte ich sie als Unterlage benutzen."

"Richtig, Tobias", sagte sein Papa. "Und wenn keine Äste da sind, könntest du auf einem Baumstamm sitzen. Alles, was dich vom kalten Boden isoliert."

"Tobias hat gute Ideen", sagte seine Mama. "Wenn er sich jemals verirren sollte, weiß ich, dass er sein Köpfchen benutzen wird. Er wird es schon schaffen."

"Papa hat auch gute Ideen", sagte Tobias. "Kann er nicht in die Schule kommen und den Kindern das Experiment zeigen?"

"Klar, das mach' ich doch gern" sagte sein Papa.

Stopp!

Wenn Sie dies jetzt gleich mit den Kindern üben, werden sie sich besser daran erinnern!

Sie benötigen

- ▷ ein Tablett mit feuchter Erde, das Sie über Nacht im Gefrierschrank lassen,
- ▷ zwei Behälter für Wasser,
- ▷ heißes Wasser,
- ▷ ein Stück Styropor, ca. 1 cm dick und groß genug, um die Hälfte des Tabletts damit abdecken zu können.

Übung

- ▷ Nehmen Sie das Tablett aus dem Gefrierschrank.
- ▷ Lassen Sie die Kinder die Erde anfassen.
- ▷ Legen Sie das Styropor auf die eine Hälfte des Tabletts.
- ▷ Füllen Sie die Behälter mit Wasser.
- ▷ Stellen Sie den einen Behälter direkt auf die Erde.
- ▷ Den anderen stellen Sie auf das Styropor.
- ▷ Lassen Sie die Kinder nach zwanzig Minuten das Wasser in beiden Behältern fühlen.

Diskutieren Sie

- ▷ Welcher Behälter mit Wasser wärmer blieb und warum.
- ▷ Wie das Experiment mit der Geschichte zusammenhängt.
- ▷ Was Kinder im Freien finden können, das sich als Isolierung eignet.
- ▷ Was den Kindern dazu noch einfällt.

Wenn Sie noch mehr tun wollen

Bereiten Sie Zeichen-, Mal- und Collagematerialien vor und bitten Sie die Kinder, ein Bild von dem Experiment zu machen. Notieren Sie währenddessen für eine anschließende Diskussion die Kommentare, die die Kinder über das Experiment machen.

Wie man ein Survival-Bett für eine Puppe baut

"Also, Kinder", sagte die Lehrerin, "wir haben gelernt, warum etwas wärmer bleibt, wenn es bedeckt ist, und wir haben gelernt, dass der Boden zu kalt ist, um lange darauf zu liegen. Als nächstes müssen wir diese beiden Dinge zusammensetzen. Ich möchte, dass ihr zunächst einmal überlegt, wann ihr diese Dinge überhaupt wissen müsst."

"Wenn ich nachts spät nach Hause komme und alle Türen abgeschlossen sind", sagte Nicki.

"Ich bin sicher, deine Eltern würden dich hereinlassen, Nicki. Trotzdem, die Übungen könnten hilfreich sein. Noch jemand?"

Tobias hob seine Hand. "Wenn ich mich im Wald verirren würde. Was mir natürlich nie passieren würde."

"Gut, Tobias. Nun möchte ich, dass ihr euch das hier anseht." Sie ging zu dem Schrank und holte ein paar kleine Zweige, eine mit Wasser gefüllte Gießkanne und zwei kleine Puppen hervor.

"Puppen?", sagte Tobias widerwillig. "Wollen Sie etwa, dass wir mit Puppen spielen?"

"Ich möchte, dass ihr euch vorstellt, das seien Menschen", sagte die Lehrerin. Sie legte sie auf den Tisch. "Das sind Kinder, die von ihren Eltern auf einer Campingtour weggegangen sind und sich verirrt haben. Eins von beiden hat aus seinem Unterricht gelernt, und das andere nicht. Schaut mal, was mit den beiden geschieht."

"Ist es dunkel?", fragte Laura schaudernd. "Gibt es wilde Tiere?"

"Es ist dunkel, aber es sind keine Tiere in der Nähe. Sie sind durch den Krach der Kinder verscheucht worden. Es ist auch kalt, und jetzt sind die Kinder müde, und sie sind voneinander getrennt. Sie möchten sich gern hinlegen, aber der Boden ist zu kalt. Also, was tun sie?"

"Die Zweige!", sagte Philipp.

"Genau. Aber nur eins von beiden erinnert sich an den Unterricht, richtig? Nennen wir es Tobias. Also, Tobias tut jetzt folgendes."

Sie machte eine kleine Unterlage aus den Zweigen und legte die Puppe darauf. Dann bedeckte sie die Puppe mit den restlichen Zweigen.

"Seht ihr, wir haben ein warmes Bett für Tobias gemacht. Nun seht euch das an." Sie nahm die Gießkanne sprengte Wasser über die Puppe. "Das ist der Regen. Ich werde es auch auf die andere Puppe regnen lassen ... so."

Sie nahm die Tobias-Puppe aus ihrem Bett aus Zweigen und zeigte sie der Klasse. "Was fällt euch daran auf?"

"Tobias ist viel trockener", sagte Steffi.

"Richtig. Aber das Kind, das seinen Unterricht vergessen hat, ist nass und kalt geworden, und es geht ihm ganz fürchterlich."

Der echte Tobias betrachtete die beiden Puppen. Die Lehrerin hatte recht. Die Haare der nassen Puppe waren strubbelig und sie sah tatsächlich fürchterlich aus. Er beschloss, dass es sich lohnte, daran zu denken, was ihm beigebracht worden war, wenn er selbst sich jemals verlaufen sollte.

Stopp!

Machen Sie diese Übung zusammen mit den Kindern.

Sie brauchen

- ▷ zwei Puppen,
- ▷ 15 bis 20 kleine Zweige,
- ▷ eine Gießkanne oder Sprühflasche,
- ▷ Wasser.

Übung

- ▷ Legen Sie die eine Puppe auf den Boden.
- ▷ Machen Sie aus fünf oder sechs Zweigen eine Unterlage und legen Sie die andere Puppe darauf. Bedecken Sie mit den restlichen Zweigen, die Spitzen in Richtung Fußende, die Puppe.
- ▷ Besprengen Sie beide Puppen mit der gleichen Menge Wasser aus der Gießkanne.

Diskutieren Sie

- ▷ Warum die eine Puppe trocken geblieben ist.
- ▷ Was man noch tun kann, um warm und trocken zu bleiben.
- ▷ Was den Kindern noch dazu einfällt.

Wenn Sie noch mehr tun wollen

▷ Lassen Sie die Kinder mit den Puppen üben.

▷ Stecken Sie einen Bereich des Gartens oder Schulhofs ab, verteilen Sie einige Zweige und lassen Sie die Kinder Survival spielen.

Kuscheln

"Heute ist ein schöner Tag", sagte die Lehrerin, "also werden wir etwas nach draußen gehen." Sie öffnete die Tür, und die Klasse ging hinaus in den Park. "Ist dir kalt, Tobias?" fragte sie.

"Eigentlich nicht." Die Luft war schon ein bisschen kalt, aber Tobias hatte seine warme Jacke an. Die hielt auch den Wind ab.

"Das ist gut. Ich möchte, dass jeder von euch sich jetzt einen Partner sucht."

Das taten die Kinder - aber zum Schluss waren Tobias und Laura übrig. "Ich will nicht Lauras Partner sein", sagte Tobias. "Kann ich nicht jemand anderes haben?"

"Und ich will nicht **dein** Partner sein, Tobias", sagte Laura. "Du steckst einem immer Würmer in den Kragen."

"Ihr müsst nicht unbedingt zusammen sein, jedenfalls noch nicht", sagte die Lehrerin. "Ich möchte, dass ihr euch alle auf verschiedene Plätze verteilt und wartet, bis ich euch rufe."

Tobias ging weg, er war froh, dass er nicht mit Laura gehen musste. Sie war immer so rechthaberisch. Er suchte sich einen Platz zum Warten aus, ungefähr in der Mitte des Parks, wo es ein bisschen feucht war und ein paar Binsen zwischen dem Gras hervor guckten.

Das war kein Platz, der Laura gefallen würde. Er entdeckte einen flachen Stein und setzte sich darauf.

Die anderen Kinder waren über den Park verstreut und hatten sich hingesetzt. Der Wind blies ziemlich stark da, wo Tobias saß, und er fragte sich, ob es wohl hinter dem großen Baum in der Nähe gemütlicher gewesen wäre. Außerdem fing er an, sich einsam zu fühlen. Es war sonderbar, wie einsam es sein konnte, wenn die anderen Kinder so weit weg waren. Ihm war auch ganz schön kalt, trotz seiner Jacke.

Da hörte er, wie die Lehrerin die Namen der Kinder rief und ihnen sagte, sie sollten sich mit ihren Partnern zusammensetzen. Einen Augenblick später kam Laura und setzte sich neben ihn. "Kuschelt euch ganz dicht zusammen!" rief die Lehrerin.

Das komische war, er war richtig froh, Laura bei sich zu haben. Auf einmal war es viel wärmer und gemütlicher. Laura lächelte ihn an. Sie sagte: "So ist es doch netter."

Nach einer Weile sagte die Lehrerin, sie sollten sich alle mit ihren Partnern in den Schutz der Hecke setzen, und das war noch besser.

Die Büsche hielten den Wind ab, und Laura leistete ihm Gesellschaft.

Zusammengekuschelt war ihnen beiden wärmer. Hinterher erzählte ihnen die Lehrerin, dass dies ein weiteres Experiment war, das ihnen helfen würde, Wege zu finden, wie man sich warm hält, wenn sie sich mal verirren würden.

Tobias erinnerte sich später daran, aber am meisten erinnerte er sich, dass Laura eigentlich ganz nett war. Danach beschlossen sie, Freunde zu sein.

Stopp!

Probieren Sie es selbst aus.

Sie brauchen keinerlei Material. Gehen Sie einfach mit Ihrem Kind als Partner an einen offenen Platz und versuchen Sie folgendes:

- ▷ Setzen Sie sich eng zusammen.
- ▷ Setzen Sie sich weit auseinander.
- ▷ Setzen Sie sich mitten auf den Platz.
- ▷ Setzen Sie sich an ein geschütztes Fleckchen.

Diskutieren Sie

- ▷ Was fühlte sich wärmer an.
- ▷ Was gab ein besseres Gefühl.
- ▷ Wann es hilfreich wäre, an diese Übung zu denken.
- ▷ Was den Kindern dazu einfällt.

Wenn Sie noch mehr tun wollen

Bitten Sie die Kinder, eine Waldszene zu malen, und benutzen Sie diese als Hintergrund für Handpuppen. Lassen Sie die Kinder eigene Stücke erfinden.

Wie man einen guten Platz findet

"Heute werden wir üben, was wir gelernt haben", sagte die Lehrerin. "Wir haben vier Experimente gemacht, die euch gezeigt haben, wie man warm und geschützt bleibt, wenn man sich verirrt hat. Jetzt möchte ich, dass ihr mir zeigt, an was ihr euch erinnern könnt. Als erstes möchte ich, dass jeder von euch einen guten Survival-Platz im Klassenzimmer findet. Ihr habt zwei Minuten Zeit."

"Das ist doch leicht", sagte Tom. "Es ist überall geschützt."

"Stellt euch einfach vor, das ist der Wald", sagte die Lehrerin. "Schließt einen Moment die Augen und stellt euch vor, die Möbel wären Büsche und Bäume. Stellt euch vor, der Wind bläst vom Fenster in Richtung Tür. Stellt euch vor, es ist Abend, und es wird kalt und ihr habt euch verirrt."

Kevin hat im Wald einen geschützten Platz bei den Wurzeln eines umgestürzten Baumes gefunden

"Sarah fängt bestimmt gleich an zu weinen", sagte Lisa.

"Nein, werd' ich nicht", sagte Sarah. "Und wenn, dann wär' das nur gespielt, um das alles echter zu machen."

Die Kinder suchten sich also alle ihre Survival-Plätze im ganzen Klassenraum. Tobias saß unter einem Tisch und tat so, als wäre das ein Busch, und Steffi stellte sich in einen Schrank und tat so, als wäre das ein hohler Baum.

Bastian stand ganz frei in der Mitte des Klassenraums.

"Warum hast du dir den Platz ausgesucht?", fragte Tom.
"Ich tu' so, als würde sich ein großer Baum direkt über mir ausbreiten", antwortete Bastian. Er streckte seine Hand aus: "Hier ist der Stamm."

"Dann stehst du auf der falschen Seite, Bastian", sagte die Lehrerin, "ich stell' mir nämlich vor, der Wind bläst vom Fenster in Richtung Tür, erinnerst du dich? Du stehst im Wind."

Bastian stellte sich auf die andere Seite des unsichtbaren Baumstammes. Dann rief die Lehrerin die Kinder zusammen, und alle setzten sich in eine Runde. Sie sprachen über die Plätze, die sie ausgewählt hatten, und wiesen auf ein paar besonders gute Warteplätze hin.

Als nächstes nahm die Lehrerin sie alle mit hinaus auf den Pausenhof. Sie alle gingen um den Bereich, in dem Bäume standen, herum, während die Lehrerin ihnen zeigte, wie weit sie gehen durften.

"Jetzt wisst ihr alles darüber, wie man einen guten Survival-Platz findet", sagte sie. "Geht und sucht einen auf dem Schulhof. Denkt dran, der Zaun ist die Grenze."

Lilli hat sich einen Platz an einem Baum gesucht

Sie rannten los. Tom kroch unter einen Busch und Bastian schlüpfte in das eine Ende eines hohlen Baumstammes. Lisa fand einen trockenen Graben und Sarah fand einen Platz zwischen den Wurzeln eines großen alten Baumes. Eines nach dem anderen fanden die Kinder Plätze, wo sie geschützt und sicher sein würden, wenn sie jemals im Freien festsitzen würden.

Tobias saß in einer Höhle unter einer sandigen Böschung, vor Wind und Wetter geschützt, bis die Lehrerin alle Kinder wieder zusammenrief.

Als Tobias zurückging, dachte er: *Jetzt weiß ich wirklich, was ich tun muss, wenn ich mich mal im Wald verlaufe.*

Kevin findet auch diesen Platz unter dem umgestürzten Baum geeignet

Stopp!

Probieren Sie nun folgende Übung aus.

Machen Sie es so

- ▷ Geben Sie den Kindern zwei Minuten Zeit, um einen Survival-Platz im Klassenraum zu finden. Lassen Sie sie eine Minute lang dort und setzen Sie sich dann mit ihnen in einer Gruppe zusammen.
- ▷ Bringen Sie die Kinder zu einem offenen Bereich, den Sie vorher auf seine Sicherheit überprüft haben, und der klare Grenzen hat. Geben Sie den Kindern zwei Minuten Zeit, Survival-Plätze zu finden. Lassen Sie sie für fünf Minuten dort bleiben. Auf ein vorher verabredetes Signal kommen alle wieder zu einer Gruppe zusammen.

Diskutieren Sie

- ▷ Welche Plätze gefunden wurden.
- ▷ Warum bestimmte Plätze geeignet waren.
- ▷ Warum bestimmte Plätze nicht so gut geeignet waren.
- ▷ Wie sich die Kinder gefühlt haben.
- ▷ Was den Kindern sonst noch dazu einfällt.

Wenn Sie noch mehr tun wollen

Lassen Sie die Kinder Spielzeugfiguren und -fahrzeuge zusammentragen. Ermuntern Sie sie dazu, einen Wald in einer Sandkiste mit Zweigen und kleinen Ästen aufzubauen, und spielen Sie Rettungsaktion.

Bereiten Sie Ihr Kind vor!

Eltern sind das beste Beispiel, das Ihr Kind hat. Ihre Auswahl an geeigneter Kleidung, Ihr Respekt vor der Natur und Ihr wohlüberlegtes Verhalten ist ein Vorbild, dem Ihr Kind folgen wird.

Durch das Üben von Verhaltensregeln mit Ihrem Kind verstärken Sie die Ideen, die Sie vorher diskutiert haben. Zudem können Sie herausfinden, wo es Ihrem Kind noch an Kenntnissen mangelt.

Das Üben unter verschiedenen Wetterbedingungen wird die Aufmerksamkeit Ihres Kindes auf Probleme lenken, die von besonderer Bedeutung für Ihren Wohnbereich sind. So sollten zum Beispiel Kinder, die in einem kalten Klima aufwachsen, lernen, was man tun muss, wenn es schneit.

Viele Kinder haben Angst im Dunkeln. Darüber zu reden kann helfen, aber es ist weit effektiver, wenn Sie Ihrem Kind dieselben Plätze einmal bei Tageslicht und einmal in der Dunkelheit zeigen. Versuchen Sie, das Selbstvertrauen des Kindes aufzubauen.

Hier sind einige weitere Schritte, die Sie unternehmen können, um Ihr Kind auf die freie Natur vorzubereiten, besonders wenn Sie in unbekannter Umgebung campen wollen.

Grenzen

Der erste Schritt besteht darin, Grenzen für "Entdeckungsreisen" zu bestimmen. Das bedeutet, die Kinder zu begleiten und sich mit ihnen auf vorhandene natürliche Grenzmarkierungen zu einigen.

Ein Ausflug, der mit einem Spaziergang rund um diesen Bereich beginnt, um den Kindern zu zeigen, wie weit sie gehen dürfen, führt wahrscheinlich weniger zu Problemen als eine vage Anweisung wie "Geh' nicht zu weit."

Fußabdrücke

Ein paar Minuten, die dem Anfertigen von Fußabdrücken jedes Kindes gewidmet werden, können sinnvoll verbrachte Zeit bedeuten, falls ein Kind verlorengeht.

Legen Sie ein Stück Aluminiumfolie auf weichen Grund und lassen Sie das Kind einen "Storchenstand" darauf machen, um einen Abdruck von dem Schuh, den Ihr Kind trägt, zu erhalten.

Beschriften Sie den Abdruck und bewahren Sie ihn an einem leicht erreichbaren Platz auf, z.B. hinter der Sonnenblende oder dem Handschuhfach Ihres Autos.

Selbst wenn das verlorene Kind die Schuhe gewechselt hat, wird der Abdruck den Suchenden dabei helfen, zumindest die Größe der Fußspur, nach der sie suchen müssen, zu identifizieren.

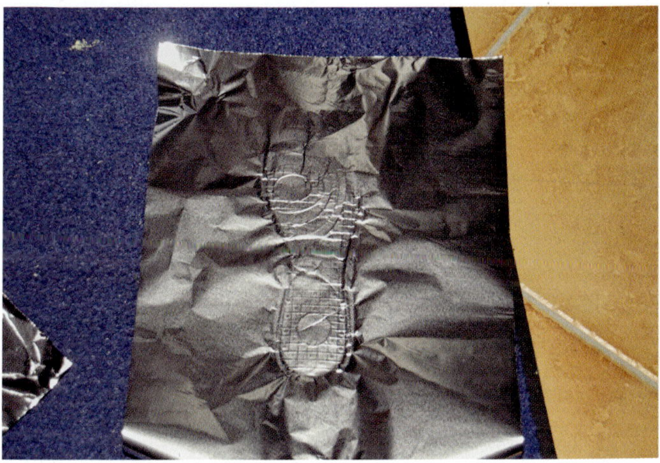

Kleidung

Wenn Sie eine Jacke kaufen, könnte die Wahl von

- ▷ leuchtenden Farben,
- ▷ einer Kapuze und
- ▷ Jackentaschen

dem Kind vielleicht das Leben retten. Leuchtende, helle Farben machen das Kind sichtbar für die Suchenden. Die Kapuze - selbst die dünnen Nylonkapuzen in den Kragen vieler Jacken - bewahren die Körperwärme, die so lebensnotwendig ist.

Lilli ist gut im Wald zu sehen

Taschen sind ein guter Ort zum Mitnehmen einer Notausrüstung und von Nahrungsmitteln. Selbst bei warmem Sommerwetter: eine Jacke, die zu einem kleinen Beutel gefaltet wird, kann dem Kind um die Hüfte gebunden werden, ohne zu stören.

Notfallpäckchen

Kinder, die in ländlichen Gegenden leben oder campen gehen, sollten ein Notfallpäckchen bei sich haben. Eine leichtgewichtige, preisgünstige Ausrüstung kann in einer kleinen Tasche mit Reißverschluss untergebracht werden. Sie sollte enthalten:

▷ Einen kleinen **Snack**, wie beispielsweise Müsliriegel oder andere geeignete konzentrierte Nahrung. Er sollte wasserdicht eingeschweißt sein.

▷ Eine **Pfeife**. Wiederholtes Rufen schwächt die Stimme des Kindes, also statten Sie es mit einer Trillerpfeife aus. Sie kann am Gürtel oder an der Kleidung befestigt werden, wenn sie nicht im Notfallpäckchen aufbewahrt wird. Sie sollten dem Kind beibringen, mit drei kurzen Pfiffen "Hilfe, Hilfe, Hilfe" zu rufen.

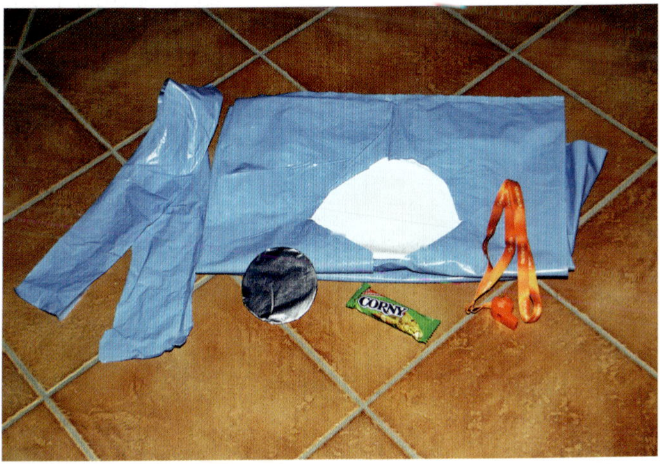

▷ Einen **Reflektor**. Der glänzende Blechdeckel eines Marmeladenglases oder ein Stück Alufolie ist ein sicheres Hilfsmittel, um visuell Aufmerksamkeit auf sich zu ziehen. Zudem hat das Kind eine Beschäftigung und bleibt so eher in guter Verfassung. Benutzen sie keinen Spiegel, er könnte einen Brand verursachen oder das Kind verletzen.

▷ **Bunte Streifen**. Ein oder zwei Streifen aus hellem, farbigen Plastik (10 cm breit, 1 m lang) werden für das Kind nützlich sein, wenn es sie als Markierung an einen Zweig bindet, als Kennzeichnung des Bereichs, in dem die Suchenden das Kind finden können. Gelbe Müllbeutel oder Drachenfolie sind dafür gut geeignet. Schneiden Sie breite Streifen, damit sie nicht mit Landvermessungsband verwechselt werden können.

▷ Einen **Müllbeutel**. Ein Müllsack kann einem Kind als Zelt dienen, wenn er, bevor er über den Kopf und den Körper gezogen wird, eingeschlitzt wurde.

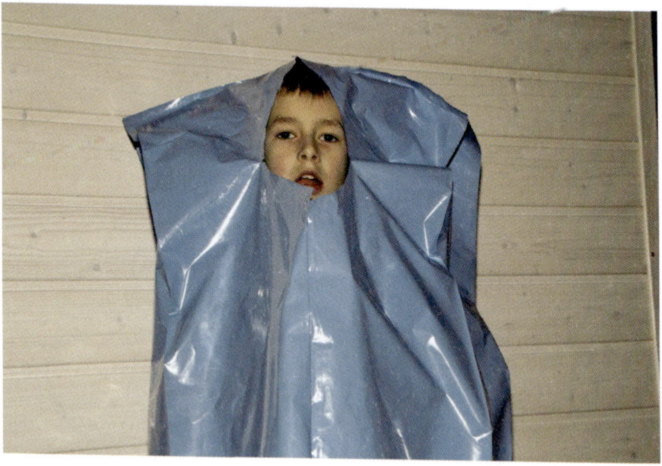

Der Schlitz dient als Öffnung für das Gesicht. Schlitzen Sie den Beutel ein, bevor Sie ihn in das Notfallpäckchen stecken. Lassen Sie ihn auf keinen Fall herumliegen, wo ein kleineres Kind damit spielen könnte. Gelbe Säcke sind besser geeignet als blaue, da die Farbe besser mit der Umgebung kontrastiert.

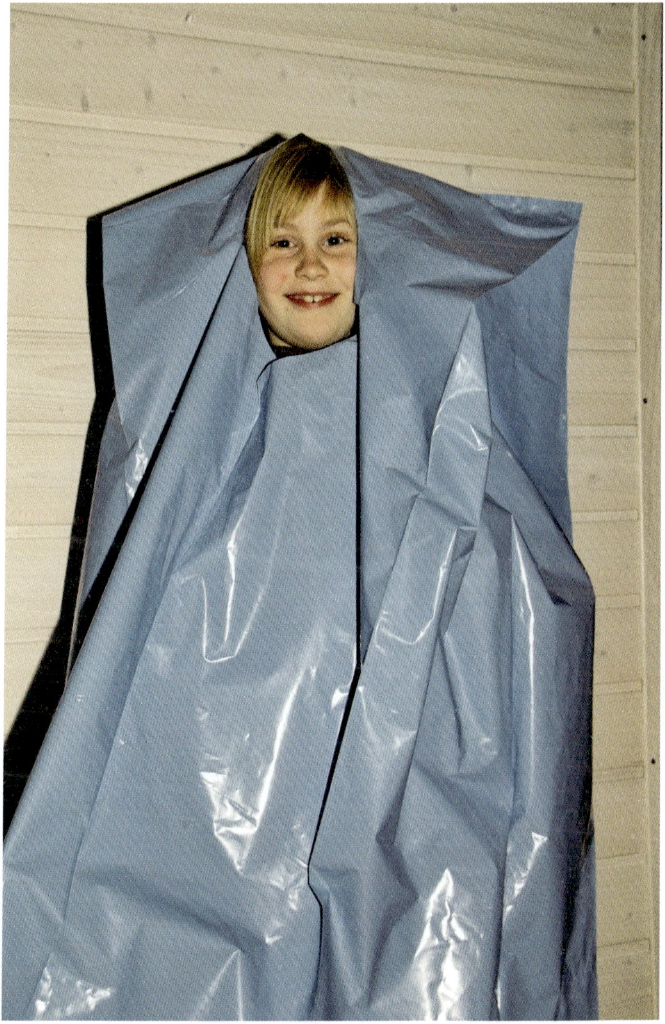

Nachwort der Autorin

Liebe Eltern und Lehrer,

unsere Geschichte *Allein im Wald* und die dazugehörigen Übungen wurden gestaltet, um Kindern auf eine Weise zu helfen, die sie aktiv in den Lernprozess einbindet.

Kindern lediglich zu **sagen**, was sie tun sollen, ist nicht genug. Es gibt ihnen nur einen Haufen abstrakter Vorstellungen an die Hand, die nebelhaft in ihren Köpfen herumschwirren.

Geschichten **und** konkrete Übungen helfen Kindern, diese Vorstellungen zu behalten und sie Teil ihrer Wirklichkeit werden zu lassen.

Eine Geschichte zu hören - und im Falle von "Allein im Wald", einen Film zu sehen - bewirkt, dass Kinder emotional angesprochen werden und lernen wollen. Sich ein Experiment anzusehen, wird das Gesagte verstärken. Wenn das Kind zur Teilnahme angeregt wird, erhält eine solche Demonstration für das Kind den Wert einer **persönlichen Erfahrung.**

Dasselbe gilt für Gespräche. Es ist sehr wichtig, **mit** Kindern zu sprechen, nicht **zu** ihnen. Das bedeutet, dass Kinder am Dialog teilnehmen, ihre Gefühle und Interessen ausdrücken sollten. Auf diese Weise kann der Erwachsene lernen, welche Konzepte von Kindern verstanden werden und welche weiterer Erläuterung bedürfen.

Um das Gespräch in Gang zu halten, sollte man lieber "offene" als "geschlossene" Fragen stellen. Auf die Frage "Was hat Tobias benutzt, um sich ein Bett zu bauen?" gibt es nur eine Antwort - Zweige.

Wenn Sie aber fragen "Was für Dinge könntest du benutzen, um dich warm zu halten?", sind die Kinder aufgefordert, ihre eigenen Gedanken hinzuzufügen - was ein guter Indikator für ihren Grad des Verstehens sein kann.

Wenn die Kinder die Geschichte hören, an den Übungen und den Gesprächen teilnehmen, werden ihnen die Ideen vertraut, und sie werden sie sich **aneignen**.

Gerade dieses **Besitzen** von Kenntnissen wird ein Kind dazu bringen, sich in einer Problemsituation richtig zu verhalten.

Ich habe eingangs einen Film erwähnt. Dieser wurde von dem preisgekrönten Filmregisseur Barry Casson gedreht. Es handelt sich dabei um den dramatischen Bericht vom Überleben eines kleinen Jungen, der über Nacht im Wald verlorengegangen ist. Er basiert auf meiner eigenen Geschichte und heißt natürlich Lost in the Woods.

Der zwanzig Minuten lange Film wurde in den Wäldern von British Columbia in Kanada und mit der Kooperation des National Film Board gedreht.

Weitere Informationen erhalten Sie von:

Barry Casson Film Productions, 895 Walfred Road, Victoria, V9C 2P1, B.C., Canada.

Ich hoffe, mein Buch hat Ihnen gefallen, und den Kindern in Ihrer Obhut hoffentlich auch. Vor allem hoffe ich, dass sie daraus gelernt haben und dass sie in der Lage sein werden, Freude an unserer freien Natur zu haben.

Herzlichst Ihre
Colleen Politano

Die beste Vorbereitung für einen Notfall ist Selbstvertrauen. Ihr Kind gewinnt dieses durch die Ermutigung, selbständig zu denken und Probleme in einer ihm vertrauten Umwelt zu lösen.

Verlaufen im Kulturwald

Hartmut Engel

Einige Leser dieses Outdoor-Handbuchs haben angeregt, den Band um ein Kapitel, das sich auf die Verhältnisse und Gegebenheiten in unseren mitteleuropäischen Wäldern bezieht, zu erweitern.

Dieses Thema könnte man nun relativ schnell abhandeln, wenn man davon ausgeht, das sich die Kinder in zwei große Gruppen einteilen lassen: Da sind zum einen die eher städtisch geprägten Kinder, die sowieso nie in den Wald gehen und sich daher dort auch nicht verlaufen können.

Sollte dieser unwahrscheinliche Fall doch einmal eintreten, haben sie ein Handy dabei, mit dem schnell Hilfe herbeigerufen werden kann.

Die Kinder der zweiten Gruppe, zu der heutzutage nur noch wenige gehören, leben auf dem Lande und sind mit Natur und Landschaft so vertraut, dass sie sich im Wald nicht verlaufen oder wenn doch, allein wieder nach Hause finden.

Damit wäre das Thema eigentlich erledigt, wenn es nicht immer wieder Ausnahmen von der Regel gäbe oder unvorhergesehene Ereignisse den oben geschilderten Ablauf verändern würden. Was soll denn z.B. ein Stadtkind machen, das sich doch einmal in den Wald getraut hat und nicht wieder heraus findet und bei dessen Handy der Akku leer oder kein Sender in Reichweite ist?

Für diesen und alle anderen unvorhergesehenen Fälle sollen im Folgenden einige gute Tipps und Tricks verraten werden, wie orientierungslose Kinder wieder aus unseren Zivilisationswäldern herausfinden.

Da sich auch Erwachsene manchmal verlaufen (wenn sie es auch meist nicht zugeben), können diese Hinweise auch für sie sehr wertvoll sein.

Wer sich im Wald verlaufen hat, irrt oft orientierungslos kreuz und quer oder im Kreis herum. Und in diesem Fall gilt nicht der Satz *"Der Weg ist das Ziel"*, der im übrigen zu dem Titel einer sehr erfolgreichen Buchreihe dieses Verlages geworden ist.

Der Verirrte wird sich kaum noch an den Schönheiten der Natur erfreuen und nur ein Ziel vor Augen haben: Heraus aus diesem Labyrinth.

Dies ist meist sehr viel einfacher als es sich der Verirrte vorstellt. Denn unsere Wälder sind alle von einem zumeist **dichten Netz** von **Pfaden, Wegen** und sogar **Straßen** durchzogen.

Früher oder später wird man auf einen Weg oder eine Straße stoßen, die zumindest auf einer Seite aus dem Wald herausführt.

Damit man nun möglichst früher und nicht später (wenn es vielleicht schon zu spät ist) auf einen solchen Verkehrsweg trifft, sollte man versuchen, seine **Richtung beizubehalten**, bis man auf einen Weg stößt.

Wer einen Kompass dabei hat oder sogar ein GPS (Satellitennavigationsgerät) und damit auch umgehen kann, ist fein raus. Alle anderen müssen die grobe Richtung anhand anderer Hinweise bestimmen. Und die gibt es zuhauf.

Da bietet sich zunächst einmal die gute alte **Sonne** an, die ein verlässlicher Richtungsweiser ist, wenn sie scheint, was in unseren Breiten ja nicht immer der Fall ist.

Wer aber mit offenen Augen durch den Wald geht, wird noch eine Reihe anderer brauchbarer Hinweise finden, die einem die Vegetation liefert und die helfen, die Grobrichtung einzuhalten.

Da seien zunächst einmal die **Moose** genannt. Moose wachsen überall dort, wo es schattig und feucht ist. Direkte längere Sonneneinstrahlung vertragen sie nicht. Wer sich daraufhin einmal die Basis von Baumstämmen anschaut, wird leicht feststellen, dass die empfindlichen Pflänzchen oft nur auf der sonnenabgewandten Seite des Stammes wachsen. Und das ist hier (wir sind ja auf der Nordhalbkugel) Norden.

Moose wachsen auf der nördlichen Seite eines Baumes

Entsprechend verhalten sich auch einige **Flechten**. Von dieser mehr als 16.000 Arten umfassenden Pflanzengruppe, die durch eine hochentwickelte Symbiose zwischen Pilzen und Algen charakterisiert ist, wachsen auch in unseren breiten verschiedene Formen. Vielfach bevorzugen auch diese die Nordseite der Bäume. Allerdings soll nicht verschwiegen werden, dass es auch Arten gibt, die eine direkte Benetzung mit Regenwasser nicht mögen und deshalb eher an der der Hauptwindrichtung gegenüberliegenden Seite des Stammes wachsen. Da wir in einer Westwindzone liegen, werden wir solche Arten daher überwiegend an der Ostseite der Stämme finden.

Die eben erwähnten häufigen, manchmal starken Westwinde in unserer Region sind Ursache für ein weiteres Indiz, das uns die Richtung anzeigen kann. Diese Winde haben nämlich auf die **Wuchsform** freistehender Bäume einen großen Einfluss. Durch die Kraft des Windes werden die Bäume mit der Windrichtung gebogen, was auf Dauer bewirkt, dass der Baum nicht senkrecht in den Himmel wächst, sondern bevorzugt in die Richtung, in die der Wind weht. Da der Wind bei uns meist aus Westen kommt, weisen die Wipfel solcher Bäume oft nach Osten.

Wer diese Hinweise beachtet und danach eine Richtung wählt und diese beibehält, wird nach meist kurzer Zeit unweigerlich auf einen Weg stoßen. Hier muss man sich nun entscheiden: Gehe ich nach rechts oder doch lieber nach links? Meist muss man sich dann auf sein Glück verlassen, es sei denn, man hört aus einer Richtung **Verkehrslärm**. Dann sollte man diese bevorzugen.

Ansonsten probiert man einfach eine Richtung aus. Wenn der Weg schmaler und zunehmend unwegsamer wird oder gar ganz endet, sollte man allerdings wieder umkehren und es in die andere Richtung versuchen.

Wer auf diesen Wegen eine Zeit lang wandert und aufmerksam die Umgebung beobachtet, wird vielfach auf Zeichen an Bäumen, Holzpfählen, Findlingen, Felsen oder ähnlichem stoßen. Diese verschiedenen Zeichen sind **Markierungen von Wanderwegen**. Vielfach sind unsere Wälder von einem dichten Netz solcher markierter Wanderwege durchzogen, so dass es gar nicht unwahrscheinlich ist, dass man auf solche Markierungen trifft.

In diesem Fall folgt man einfach den Zeichen, die einen mit Sicherheit zu einem Ausflugslokal oder an einen anderen öffentlichen Platz führen.

Was aber tun, wenn es inzwischen dunkel geworden ist und man all die schönen oben genannten Hinweise nicht mehr erkennen kann. Hier kann man sich dann oftmals nur noch auf sein Gehör verlassen. Denn gerade im Dunkeln, wenn das Sehen fast ausgeschaltet ist, schärfen sich die anderen Sinne und man kann umso besser hören. Ich habe mich schon oft gewundert, wie weit man nachts im sonst stillen Wald noch den Lärm einer Straße hören kann und wie lange ich noch zu laufen hatte, um diese endlich zu erreichen. **Verkehrslärm**, ansonsten eher unerwünscht, bietet in diesem Fall eine willkommene Hilfe.

Helfen, die Richtung einzuhalten, kann auch die Färbung des Horizonts über den Städten, die durch Straßenlaternen und andere Beleuchtungskörper verursacht wird. Deutlich ist über diesen Orten eine mehr oder weniger intensive gelblich-rötliche **Färbung des Himmels** zu erkennen. In diese Richtung gewandert stößt man unweigerlich auf eine Siedlung, es sei denn, Sie wandern "*dem Morgenrot entgegen*".

Und zu guter Letzt noch ein Rat: Häufig wird bei uns nach im Wald vermissten Kindern mit einem **Hubschrauber** aus der Luft gesucht. In einem solchem Fall kann natürlich nur gefunden werden, wer auch gesehen wird und im dichten Wald ist man für die Helikopterbesatzung unauffindbar.

Deshalb sollte, wer sich verlaufen hat und Hubschrauberlärm hört, schnell eine Lichtung aufsuchen. Es kann auch nicht schaden, wenn man die Suchtrupps durch das Schwenken eines auffällig gefärbten Kleidungsstückes auf sich aufmerksam macht.

Mit Hilfe dieser wenigen Tricks sollten Sie oder Ihre Kinder nun in der Lage sein, wenn Sie (sie) sich verlaufen haben, schnell wieder in die Zivilisation zurück zu finden.

Achten Sie bei Ihrem nächsten Waldspaziergang einmal auf die oben genannten Hinweise. Sie werden staunen, wie viel Ihnen die Vegetation über die Himmelsrichtung verrät.

Was ist bei Gewitter zu tun?

Gewitter ist nicht jedermanns Sache. Und ungeschützt im Wald schon gar nicht. Da kann es sogar richtig gefährlich werden. Wer vom Blitz getroffen wird, überlebt dieses Ereignis meist nicht.

Aber zum Glück gibt es ja den folgenden, uralten Reim, der uns sagt, was wir bei Gewitter zu tun haben: "Eichen sollst du weichen, Fichten wähl mitnichten, Weiden musst du meiden, nur Buchen sollst du suchen".

Wer sich an diesen Reim hält und bei Gewitter tatsächlich unter einer Buche Schutz sucht, kann möglicherweise feststellen (oder auch nicht mehr), dass dieser Tipp eine im wahrsten Sinne des Wortes todsichere Sache gewesen ist.

In Buchen schlägt der Blitz nämlich genauso häufig oder selten ein, wie z.B. in Eichen. Allerdings sind die Auswirkungen andere. Eichen haben eine dicke, knorrige Rinde, die oftmals noch stark bemoost und mit Wasser vollgesogen ist. Schlägt der Blitz hier ein, wird der Baum stark beschädigt. Buchen haben dagegen eine glatte Rinde, die das Wasser nicht aufsaugt. Schlägt der Blitz hier ein, wird er außen an der Rinde wie an einem Blitzableiter abgeleitet und in die Erde befördert. Ein Schaden ist dann oftmals nicht sichtbar.

Wer allerdings unter so einem Baum Schutz gesucht hat, ist genauso gefährdet wie unter einer Eiche oder jedem anderen Baum.

Was ist nun aber bei Gewitter im Wald zu tun? Wenn keine Schutzhütte in Sicht ist (die findet man ja sowieso nur dann, wenn man sie nicht braucht), sollte man sich trotz des Regens auf ein freies Feld begeben und dort mit geschlossenen Füßen niederhocken, den Regen auf sich wirken lassen und das Ende des Gewitters abwarten.

Ausmalbilder

Buchtipps aus dem Conrad Stein Verlag

Kerstin Micklitza
Wandern mit Kind
zu Fuß - per Rad - mit Kanu
OutdoorHandbuch Band 15
Basiswissen für draußen
78 Seiten
9 Abbildungen
14 Illustrationen
ISBN 978-3-89392-315-1

>> **Kanu Sport Magazin**: "... Auf lockere, unterhaltsame Art wird dem Leser eine Vielzahl von Tipps und Hinweisen vermittelt, die ihm bei Outdooraktivitäten mit Kind(ern) nützlich sein werden. Die Autorin gibt Ratschläge für eine sinnvolle Ausrüstung ... Ein Buch für Eltern mit wenig Outdoor-Erfahrungen mit Kind(ern)."

Manuela Danz
Wenn Kinder fliegen
Tausend tolle Tipps für die Flugreise mit und ohne Eltern
OutdoorHandbuch Band 148
Basiswissen für draußen
137 Seiten
23 Abbildungen
10 Illustrationen
ISBN 978-3-89392-548-1

>> **ProAir**: "Fliegen mit Kindern? Da ist der Stress doch programmiert? Von wegen! Auf lockere, unterhaltsame Art werden dem Leser Tipps und Tricks vermittelt, die zum guten Gelingen einer Flugreise mit der ganzen Familie beitragen. In einem "Spezial" erfahren Eltern darüber hinaus, was zu beachten ist, wenn der Nachwuchs zum ersten Mal ganz allein fliegt und wie Sie sich und Ihr Kind am besten darauf vorbereiten. Die ultimative Lektüre besonders für Eltern, die erstmals mit der ganzen Familie "in die Luft gehen" wollen!"

Buchtipps aus dem Conrad Stein Verlag

Michael Hodgson & Meno Schrader
<u>Wetter</u>
OutdoorHandbuch Band 13
Basiswissen für draußen
91 Seiten
32 farbige Abbildungen
21 farbige Illustrationen
ISBN 978-3-86686-013-1

>> Nordis: "Bauern mit ihren Regeln sind nicht die zuverlässigsten Meteorologen, und auch der heiße Draht zu Petrus ist nicht jedem gegeben. Aber jeder kann lernen, wie man mit und ohne Instrumente zu einem echten Wetterfrosch wird. Ein handliches Büchlein auch für unterwegs!"

Manuela Dastig & Dieter Großelohmann
<u>Knoten</u>
OutdoorHandbuch Band 3
Basiswissen für draußen
83 Seiten
16 farbige Abbildungen
62 Knoten beschrieben durch
181 farbbige Zeichnungen
10 Illustrationen
ISBN 978-3-86686-003-2

>> Srint-Magazin: "GUT VERKNOTET: Sie machen einen abenteuerlichen Outdoor-Urlaub und brauchen irgendwo im Nirgendwo eine Verbindung zwischen zwei Bäumen? ... Müssen ein Kanu am Ufer eines reißenden Flusses anbinden oder wollen den Segelschein machen? Das handliche Büchlein "Knoten" sollten Sie in solchen Fällen parat haben. ... hier sind alle Informationen über Taue, Seile und Nylons zu finden. Man weiß nie, wann wer wie befestigt werden muss."

Buchtipp aus dem Conrad Stein Verlag

Wolfgang Regal
Trailfinder
Orientierung ohne Kompass und GPS
OutdoorHandbuch
Band 120
Basiswissen für draußen
95 Seiten
22 farbige Abbildungen
62 farbige Illustrationen
ISBN 978-3-86686-325-5

>> **Trail Running Magazin**: "Hoffnungslos verfranzt? Und das auch noch ohne Kompass, GPS und Karte? Keine Panik! Der Autor zeigt Ihnen, wie man auch ohne technische Hilfsmittel seinen Weg findet. Geschicklichkeit bei der Beobachtung und die Fähigkeit, die Hinweise zu nutzen, die uns die Natur und unsere Umwelt geben, haben es jahrtausendelang unseren Vorfahren ermöglicht, sogar Ozeane und Wüsten zu überwinden. Vieles von diesem Wissen ist durch die moderne Navigationstechnik in Vergessenheit geraten. Dieses Wissen und diese Kunst gilt es wieder zu entdecken. Das Buch leitet an, die Zeichen der Natur zu sehen, zu verstehen und richtig zu interpretieren.
Nicht nur beim hoffentlich niemals eintreffenden Notfall kann dieses Know-how wichtig sein, auch ohne Ernstfall macht es einfach Spaß die Umwelt einmal aus diesem Blickwinkel zu betrachten. "

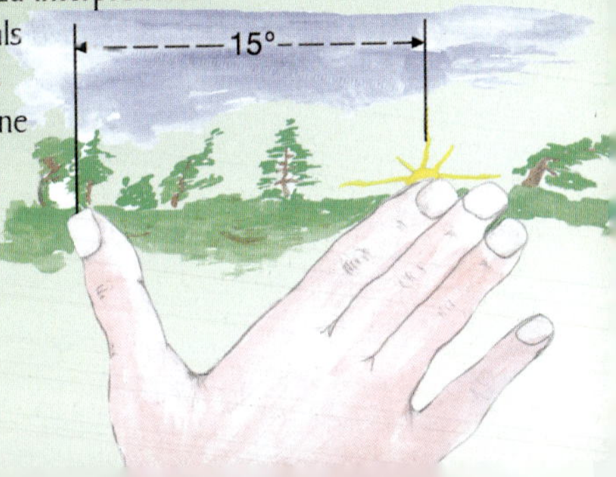

Bergans
OF NORWAY
RUFFEN
KIDS JACKET
Robuste, wind- und wasserdichte Jacke mit viel Bewegungsfreiheit.
FOTO: ASGEIR HELGESTAD
Seit über 100 Jahren ist Bergans of Norway führend bei funktioneller und hochwertiger Outdoor-Ausrüstung.
Alle unsere Produkte finden Sie unter www.bergans.de

Deutsche
Wanderjugend
DWJ

SILKBODY
Silkbody - Funktionsbekleidung aus Seide
Warm im Winter - Kühl im Sommer
extrem leichtgewichtig und geruchsneutral
Katalog anfordern bei: Agentur für Outdoorprodukte, Dieselstr. 12, 38122 Braunschweig
0531/2874698
info@klausklaus.de
www.klausklaus.de

Outdoor ·Trekking ·Abenteuer
WOICK.de
Get your adventure
DER OUTDOOR-HÄNDLER
ÜBER 25 Jahre
WOICK.de
IHRES VERTRAUENS
OUTDOOR-BEKLEIDUNG
TREKKINGSCHUHE
ZELTE
REISEAUSRÜSTUNG
RUCKSÄCKE
SCHLAFSÄCKE
BERGSPORT
GPS-NAVIGATION
SATELLITENTELEFONE
... UND VIELES MEHR
Fordern Sie kostenlos unseren 432-seitigen Katalog an!
Hotline: 0711 - 70 96 70 0
FILDERSTADT TRAVEL CENTER
Plieninger Straße 21
70794 Filderstadt
STUTTGART TRAVEL STORE
Schmale Straße 9
70173 Stuttgart
ULM TRAVEL STORE
Hafenbad 17
89073 Ulm
METZINGEN OUTLET CENTER
Stuttgarter Str. 45/1
72555 Metzingen